イエスの名言
それってありなの？

［文］水谷　潔　［絵］パント大吉

いのちのことば社

はじめに
この本を手に取ったあなたに

おもしろくてうまい店、おもしろくて役立つ動画、おもしろくて賢いお笑いタレント……。昨今は、「おもしろい」に「プラス・アルファ」があることが人気の秘訣。実は、今、手に取ってくださっているこの本も、何を隠そう「オモシロありがたい」がコンセプト。「オモシロ」なんて、自分でハードルを上げているようなもの。「ありがたい」とは、何という押しつけがましさか。でも、聖書自身が「オモシロありがたい」書物なので、どうかご理解を。

「聖書は、堅苦しくて、つまらない」。本書を手にされたあなたは、そう思っているかもしれません。でも、意外なことに、聖書はそれほど堅苦しくはありません。とりわけ、イエス・キリストが語られた言葉の中には、常識的感覚からすれば、「不可解」「理不尽」

「自由すぎ」と思えるものも少なくありません。今風に言えば、聖書が記しているのは、イエス・キリストの「ぶっ飛び発言」「トンデモ宣言」「炎上コメント」の数々。

そういうわけで、理解できれば、堅苦しいどころか、自由すぎておもしろいのです。また、イエス・キリストが語った逆説的な真理の多くが示すのは、神様の愛の大きさと恵み深さ。それは、とてもありがたいもの。まさに、聖書は「オモシロありがたい」のです。

とは言え、イエス・キリストが直接語りかけたのは、二千年も前のイスラエルに生きる人々です。時代も文化も大きく違うので、今日の私たちにとっては、一読するだけでは理解できないことも。そこで、今風の切り口で、二十一世紀の日本に生きる方々への語りかけとなるよう記してみました。

本書は、そうしたイエス・キリストの言葉の中から「それってありなの？」と言いたくなるようなものをピックアップしました。たとえ話と名ぜりふの数々を紹介し、そこに込められた、逆説的な真理をお伝えします。必ずしも、最初から順番に読む必要はありません。目次をご覧になり、おもしろそうなところ、興味がわいたものから、お読みいただくのもいいでしょう。また、より深く理解して楽しんでいただくためには、実際に聖書を手に入れて、該当する聖書箇所を何度か読み返してみてください。

「深イイ話」が、いくつか増えるかもしれません。心に抱いてきたモヤモヤが言葉にできて、スッキリするかもしれません。常識や先入観から解放され、世界が広がることも。思いもしなかった価値観との出会いから、人生の新たな扉が開けることもあるでしょう。何より、聖書が記す神様の愛の大きさ、恵み深さが伝われば、望外の感謝です。

どんなかたちであれ、「オモシロありがたい」と思っていただきながら、本書を通じて、あなたの人生が少しでも豊かになることを願っています。

二〇二三年六月

水谷　潔

もくじ

ぶどう園の労働者の〝公平〟

ホワイトすぎる雇い主

働き方改革の一環として「同一労働・同一賃金」が推奨されているようですが、イエス様のたとえ話には正反対の雇用者が登場します。それは、マタイの福音書20章が記す日雇い労働者とぶどう園の主人のたとえ。

良質なぶどう酒を造るために、ぶどうの収穫は、短期間で済ませる必要がありました。ですから、畑の主人は朝早くから日雇い労働者を雇い、当時の一日の賃金である一デナリ

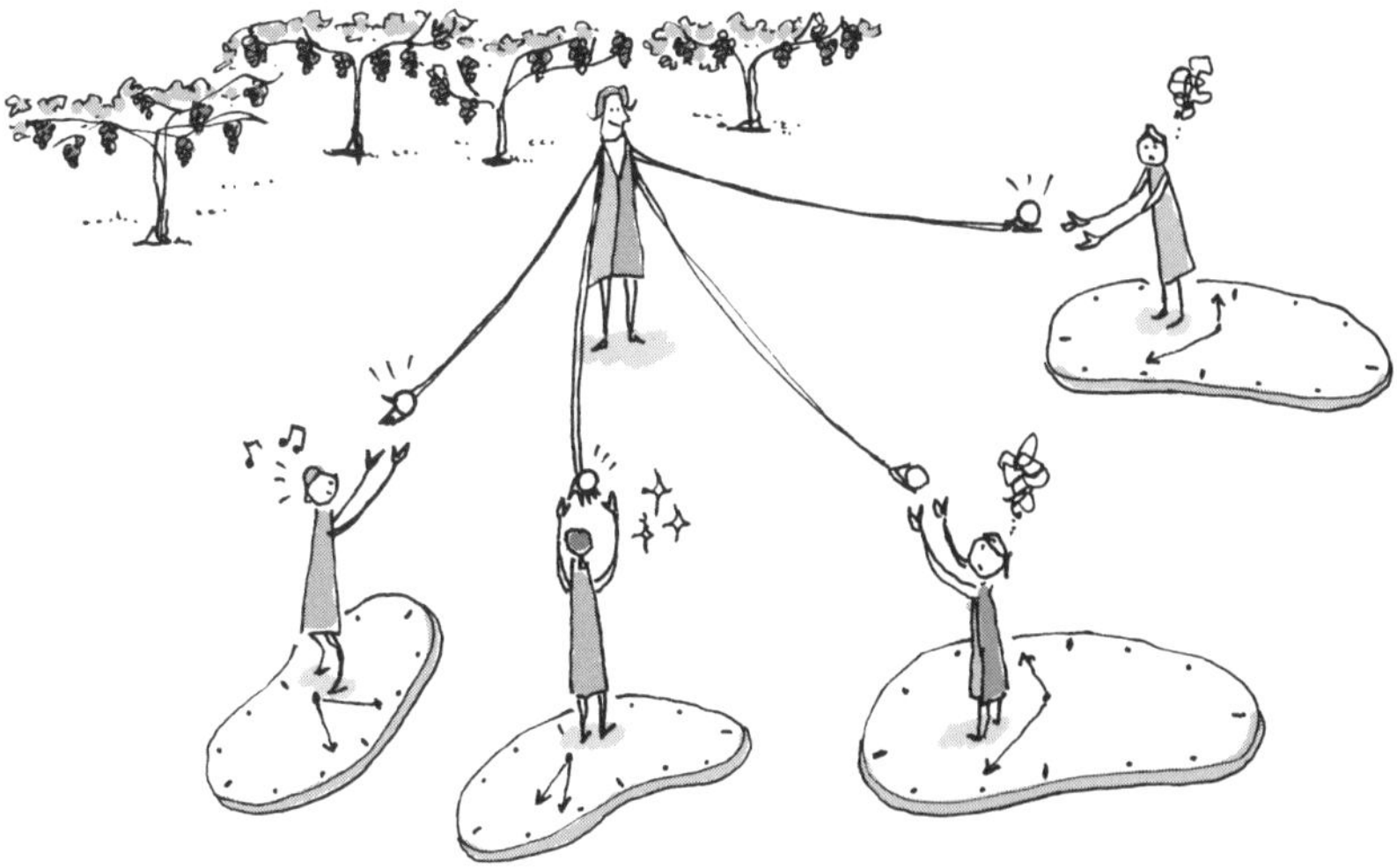

を約束します。九時、十二時、午後三時にも出かけて行き「相当の賃金を払うから」と約束します。さらに、五時になっても仕事のない者を見つけて彼らを雇います。

さて、夕方になり、賃金が支払われることに。最初に五時に雇われ一時間だけ働いた者たちが来ます。彼らに支払われたのは、なんと、一日分の賃金である一デナリ！　朝早くから働いた者たちは、これを見て期待したでしょう。しかし、支払われたのは、同じ一デナリ。「一時間の労働と一日の労働を同じように扱うなんて」と彼らは主人に不満を漏らします。しかし、主人は、約束どおり一デナリを支払ったから不当ではないと返答。「そりゃそうだけど……」と多くの読者は思うでしょう。

そして、語られるのは主人の思い。「最後の人にも、あなたと同じだけ与えたいのです」と。この主人は、仕事がないかもしれないという生活不安に手当を支払ったのです。失業手当は、働いてから職を失った時に後払いで支払われるもの。それが、前払いとは！

この主人、ホワイトすぎでしょう。主人は自分のお金だから、したいようにしてはいけないのかと問いかけ、さらに言います。「それとも、私が気前がいいので、あなたはねたんでいるのですか」と。

一読すると不条理きわまりない、このたとえ話が示すのは「神の国」。平たく言えば、神の国に生きるとは、神様を世界の主権者と認めて生きること。それは、本当の意味で自らを活かす歩み。なぜなら神様という主権者は、ホワイトすぎる雇用主だから。愛と恵みを注いで、私たちという国土を治めてくださるから。

五時から一時間だけ働いた者が受けたのは、働きに対する報酬ではなく、一方的な恵みでした。神様を主権者として生きるとは、受ける資格のない恵みをいただく歩みなのです。そして、「この恵みにどう応答して生きるか？」は、私たちに委ねられています。

あなたが日雇い労働者なら、この雇用主にどう応えるでしょう。「こんな主人の下でなど働きたくない」あるいは「五時から一時間だけ働いてやろう」と思うでしょうか？　それとも、「明日は、朝一番で並んで、この方に雇ってもらおう。ぜひとも、この主人のために働きたい」と願うでしょうか？

神の国に生きるとは、一方的に豊かな恵みを受け、それに応答する歩み、最高の主人に仕える歩みなのです。あなたは、だれを主人として、かけがえのない人生を送るのでしょう。

隣人になる「よきサマリア人」

違いを超えて愛せるか

国際結婚や年の差婚など、国や世代の違いを超えて愛が人を結び付けることは、ご存じのとおり。一方で、差別問題や戦争など、内側での強い愛が違いを超えなければ、外側への敵意や憎悪となっていくのもまた事実。イエス様はそうした残念な社会状況を背景に、あるたとえ話をされました。それがルカの福音書10章25節以下が記す「よきサマリア人のたとえ」です。

律法の専門家とのやり取りの中で、イエス様は「あなたの隣人を自分自身のように愛しなさい」という教えを実行するよう勧めます。すると彼は「では、私の隣人とはだれですか?」と尋ねます。この問いかけの目的は、自分の正しさを示すためでした。「隣人とは同胞イスラエル人のことで、サマリア人ではありませんよね。だから自分は隣人愛を実行しています」。それが、言外にあった彼の思いでした。

サマリア人はイスラエル人が外国に強制移住させられた際に、移住先の人々との婚姻によって生まれた民族。宗教的にも他宗教が混入しているので、イスラエル社会に暮らしながらも蔑視され、差別を受けていました。イエス様は、そのような背景を持つたとえ話を通じて「隣人とはだれか」に答えます。

一人のイスラエル人が、強盗被害に遭い、半殺しの状態で路上に放置されます。第一発見者の祭司も、続くレビ人も、助けることなく通り過ぎてしまいます。彼らはプロの宗教家で、死体に触れてはならないという宗教上の戒めを、人命救助より優先したのです。三人目にやって来たのは、サマリア人です。聴衆の多くは、彼が、これ幸いとばかりに、倒れているイスラエル人に暴行を加えると予想したでしょう。ところが彼は、大きな犠牲を払って手厚い介抱をします。

イエス様から、三人の中のだれが隣人になったかと問われた律法の専門家は、「サマリア人」とは言えず「あわれみ深い行いをした人」と答えます。いわば「隣人オーディション」を主催していた自分が落選し、「一次審査落第者」が、隣人愛合格者になったわけです。彼にとっては、想定外の大どんでん返し。ショックを受けたであろう彼に、イエス様が勧めたのは、さらなる大どんでん返しの歩み。「あなたも行って、同じようにしなさい」と彼に、オーディションの主催者を辞めて、隣人志願者となる道を示されたのです。

このたとえ話は、違いを超えて、とりわけ苦しみの中にいる人を愛するよう私たちに教えているのでしょうが、それだけではなさそうです。ルカの福音書は、外国人に向けて書かれています。ルカは、神様の愛を受けた者が、民族などの違いを超えて愛し合う時代が、イエス様によって到来したことを伝えたかったのでしょう。イエス様は、最大の違いを超えて、私たちを愛されました。それは、神と人という違い、創造者と被造物という違いです。

超えられないはずの境界線を乗り越えて、神様は人となり、地上に来られ、私たちを愛されました。この愛を受け、この愛に生き、この違いを超える愛で日々出会う人たちを愛せたら、最高の人生ではないでしょうか。

タラントを預かるとは？

理想の上司をご紹介

毎年、「理想の上司」が選ばれ、表彰されます。上司を演じた俳優やスポーツの指導者などが選ばれているようですが、今回は聖書に登場する理想の上司をご紹介。意外かもしれませんが、新約聖書には神の国が、商売にたとえられています。神様を全世界の主権者として生きることが、上司から資本金を託される部下のようだというのです。それは「タラントのたとえ」と呼ばれ、マタイの福音書25章の14節以降に記されています。

旅に出る主人がしもべたちを呼び、能力に応じて、三人にそれぞれ五タラント、二タラント、一タラントの資本金を託します。五タラントと二タラントを預かったしもべは、それぞれ五タラントと二タラントを儲けますが、一タラントを預かったしもべは、地面を掘り、主人のお金を隠します。

かなりの時が過ぎ、主人が帰還すると、儲けたしもべは業績を報告。主人は大喜びです。しかし、一タラントを地面に埋めていたしもべは、主人から「悪い怠け者」だと叱責を受けることに。なぜ、

失うことばかり恐れ、託されたお金を運用しなかったのでしょう。それは、彼が主人のことを「蒔かなかったところから刈り取り、散らさなかったところからかき集める、厳しい方」と考えていたからです。今なら、少額の投資で、多額の儲けを命ずる厳しい上司ということ。

これは明らかな誤解。一タラントは、当時の労働者の六千日分の賃金に相当します。今で言えば、三千万から六千万円。ですから、主人への「蒔かない」「散らさない」「厳しい方」との評価は間違い。「良い忠実なしもべだ」「主人の喜びをともに喜んでくれ」とあるように、主人がほめているのは、儲けではなく、忠実さで、しもべと喜ぶことを願っています。この主人は、利益優先の実績主義者ではありません。結果よりも仕える姿勢を評価し、しもべとともに喜びたい方なのです。

叱責を受けたしもべが一タラントを少額だと考えたのは、きっと他のしもべと自分を比較したからでしょう。時々、クリスチャンでも、そこを勘違いしているのを見かけます。二タラントや五タラントに見えるだれかと自分を比較して、心の中で歌うかのようです。♪どうせ、私は一タラントの女、お気の済むまで笑うがいいわ〜♪　だれかや自分ではなく、神様に目を向けて、一タラントという多額に込められた信頼に応えたいものです。

サラリーマンへのアンケートによれば、嫌いな上司は、「部下を信頼せず、実績主義で、ミスに厳しい」とのこと。ともすれば、私たちも、神様をそのように誤解しかねません。だからこそ、事実を知ってほしいのです。聖書が示す神様こそ、最高の上司。あなたを信頼し、多額を託し、結果より姿勢を評価し、喜びをともにしようとする方です。

金額の単位であるタラントは、「タレント」の語源。お互いの才能、能力、財産、環境など神様から託されたものは決して小さくありません。この方を人生の上司として、やりがいと喜びに満ちた人生を歩んでみませんか。

毒麦は抜くべきなのか

神さまって正義の味方じゃなかったの？

時代劇なら水戸黄門、ヒーローものなら仮面ライダー、アニメならアンパンマン。正義の味方は、一話完結で悪を倒し、視聴者はスッキリです。ところが、聖書には、どうもスッキリしないたとえ話があります。それが、マタイの福音書13章24～30節でイエス様が語った「毒麦のたとえ」。

一人の主人が、自分の畑に良い種を蒔きます。ところが、夜中に敵が毒麦を蒔いて立ち去ります。毒麦を発見したしもべは主人に報告し、「毒麦を抜き集めしょうか」と提案。実は、毒麦は、麦の成長を阻害するのですが、収穫前になるまでは見分けることは困難で、毒麦を抜こうとすると良い麦まで抜き取りかねないのです。主人は、良い麦を守るため、収穫まで育つままにしておき、収穫の時に毒麦を焼くように命じます。

しばらく後のこと。弟子たちに説明を求められたイエス様は、畑は世界、良い種は（天の）御国の子ら、毒麦は悪い者の子ら、毒麦を蒔いたのは悪魔、収穫は世の終わり、刈る者は御使いと解説されます。そこで生ずるのは、「あれ？神様って正義の味方じゃなかったの？」という素朴な疑問、「悪魔の使者を放置していいのか？」という当然の抗議。神様は、徳川家の印籠も、ライダーキックも、アンパンチも出しません。これではスッキリどころか、モヤモヤするばかり。

しかし、ここで注目したいのは、すぐに毒麦を抜かない理由です。それは、良い麦のため。悪を排除する際に、誤って善を損なわないためです。悪人を特定することは簡単ではありません。誤解もあれば事実無根のレッテル貼りもあり、司法の世界でさえ冤罪《えんざい》はあります。飢餓や貧困や社会的不正など構造的な悪については、犯人を特定できても排除は困

難です。排除しても悪がなくなるとは限りません。

そうした悪の現実にいらだち、解決を焦り、誤って良い麦を抜きかねない私たちに、神様は、「悪への正しい報いについては私に委ねなさい」と語りかけます。聖書は悪に対処し正義を実現するよう命じますが、一方で、人間の限界を謙虚に認めることも教えています。

「神がいるなら、なぜ世界に悪が満ちているのか？　神が愛で全能なら、一瞬で解決できるはずだ！」と無神論を訴える声を耳にします。毒麦のたとえは、その訴えに答えます。なぜなら、神様は悪を放置してはおらず、最終的に解決をされるからです。イエス様は40節で「毒麦が集められて火で焼かれるように、世の終わりにもそのようになります」と、最終的な審判を明言しておられます。

神様はやっぱり、正義の味方、いいえ、神様こそ正義を実現する主権者です。一話完結ではなく、人類の歴史という長編ドラマの最終回に、悪を罰するのです。神の国に生きるとは、最終的に正義を実現される方を主権者と認めて、壮大な歴史の一コマを生きる歩みとも言えるでしょう。理不尽きわまりない悪に心を痛めながらも、最終的な正義の実現を信じ、希望をもって歩める人生を送ってみませんか。

蓄財にしくじった愚かな金持ち

本当の豊かさって何だろう

近年は「断捨離」が普及し、必要最小限の持ち物で暮らす「ミニマリスト」も知られるようになりました。「所有＝豊かさ」とは異なる価値観やライフスタイルが評価され始め、「本当の豊かさとは何か」が問われているように感じます。そんな時代だからこそ、お読みいただきたいのが、ルカの福音書12章13〜24節が記す「愚かな金持ち」と呼ばれるたとえ話です。

話を聞いていた群衆の一人が、遺産分割の件でイエス様に相談を持ちかけます。イエス様はそれには応答せず、そこにいた群衆に対して、貪欲に気をつけるよう呼びかけ、人のいのちは財産にあるのではないことを訴えます。このたとえ話はそれに続くものです。

ある金持ちの畑が豊作となり、倉を建て直し、これまでより多くの穀物と財産をしまっておこうと計画します。そして、休んで、食べて、飲んで、楽しむ毎日を送る自分を想像します。しかしその夜、彼が受けたのは神様からの「愚か者」との叱責、そして、死の宣告でした。神様は、いのちを失えば、もはや、財産はその人のものではなくなるという当然のことを知らせます。

このたとえ話の目的は、「貪欲への警戒」です。貪欲とは多く持っていてもさらに欲しがること、言い換えるなら、「欲望の無限肯定」です。貪欲は、私たちに、まるで自分のいのちが財産にあるように考え違いをさせます。「所有がいのちの豊かさをもたらす」と錯覚させるのです。

そして、いのちを授け、生殺与奪の権を握っておられる神様を、私たちの人生から除外させます。何より、財産も人のいのちも、すべては神様の所有であって、人間はそれを委

託されているにすぎないという、聖書が示す大切な真理を見失わせます。この金持ちの愚かさも、そこにあるようです。17節から19節が記す彼の独り言は、「私の作物」「私の倉」「私の穀物や財産」と、「私の」が三度も登場しますが、「神様」は皆無です。

超高齢社会を迎え、老後を不安視する声があります。格差社会となり、貧困を訴える声もあります。それらを思えば、将来に向けての蓄えは大切で、安心を与え、人生を楽しむ余裕を与えるものでしょう。しかし、聖書によれば、その根底にあって、私たちの労苦に報い、富を託してくださるのは神様です。貧しさの中にあっても、安心と楽しみを与えてくださるのも神様。そして何より、私たちにいのちを授け、生かしてくださっているのは神様なのです。

「自分のために蓄えても、神に対して富まない者はこのとおりです」というのが、このたとえ話の結論です。「神に対して富む者」とは、どのような人のことでしょう。それは、与えられているものを、「私の」ではなく、「神様が託してくださった」と受け止める人のこと。その人は、自らのいのちと財産を心から感謝し、それらを本当に活かすことができるでしょう。

「所有＝豊かさ」とは異なる価値観やライフスタイルが注目されつつある今、「本当の豊かさ」を考えてみませんか。このたとえ話が、そのヒントになればと願います。

求めよ、さらば与えられん

こんな夜更けにパンかよ

夜中にバナナが食べたいと遠慮なく要求する実在の筋ジストロフィー患者と、彼を支えるボランティアを描いた『こんな夜更けにバナナかよ』という本をご存じでしょうか。近年、大泉洋さんの主演で映画化され、話題となりました。一方、ルカの福音書11章で、「祈りを教えてください」と願った弟子に対して、イエス様が語られたのは「こんな夜更けにパンかよ」とタイトルを付けたいようなたとえ話。

イエス様は弟子たちに、自分の友人が真夜中にやってきて、パンを貸してくれと訴える場面を想像させます。友人宅に来た旅人に出すパンがないというのがその理由。当時、地方に宿泊施設はなく、旅人をもてなすのは社会常識。また、パンを買う店もなく、その日食べる分を自宅で焼いたそうです。ですから、友人の行動は非常識ではなく、十分ありえることでした。

その人は、友人の願いとはいえ、断らざるをえません。「面倒だ」「戸を閉めてしまった」「子ども寝ている」というのがその理由。それでも、友人が、執拗《しつよう》に戸をたたき続けるなら、その人は要求をのむことでしか、煩わしさから逃れることができないと悟り、やがて根負けするというのです。イエス様は、この人が起きてパンを貸すのは「友だちだから」ではなく、「しつこさ」のゆえだと語ります。

パンを求めるのが祈り手で、根負けしてしぶしぶパンを与えるのが神様で、要求にこたえる理由は「しつこさ」です。さらに、そのたとえ話の後で、イエス様は「求めなさい」「探しなさい」「たたきなさい」と教えます。ここまで読むと「ああ、そうか。祈りとは、しつこく求めて、神様を根負けさせ、こちらの要求をのませることなのか」と考えるでしょう。

しかし、その後を読むと、正反対であることに気がつきます。イエス様は弟子たちに、「魚を求める子どもに蛇を与える父親なんかいないよね」と確認。さらに「卵を欲しがる子どもにサソリは与えないでしょう」と念押し（砂に埋まったサソリの背中は卵に酷似）。そして結論は、「あなたがたは悪い者であっても、自分の子どもたちには良いものを与えることを知っています。それならなおのこと、天の父は……」。

世の中の悪人も、多くは子どもを愛する父親で、子どものために良いものを与えます。

蛇やサソリを与えるような意地悪はしません。悪人である父親でさえそうなのですから、天の父である神様は、願い求める神の子たちをどんなに愛し、良いものを与えることを願っておられるでしょう。

そうです。神様は祈り求める者を愛し、良いものを備えておられるのです。このたとえ話が伝えているのは、「祈り手のしつこさ」ではなく「祈りに応えてくださる神様の愛と真実さ」なのです。神様は、愛情深く、裕福で、思慮深い父親のような方。かなえられない願いはあっても、応えられない祈りはありません。正直な求めを携えて祈り続けてみませんか。たとえ、期待どおりのことが起こらなくても、きっと、生きて働いておられる神様が実感できると思います。

どうする、宴会の席次

招待されたら末席に

新橋駅前で、ほろ酔い気分の中年男性が訴えます。「サラリーマン社会に無礼講はない！　宴会で無礼講とか言われても、上司は絶対に、上座に座らせないといけないんだ。」サラリーマンだけではないでしょう。だれが偉いか、どちらが上かと、人間関係については上か下かを考えてばかりの私たちです。そこで、紹介したいのは、ルカの福音書14章7節から11節が記している、宴会の席次に関連してイエス様が語られたたとえ話。

宴会に招かれたイエス様は、招待客たちが、上座を選んでいるのに気がついて、このたとえ話を語り始めます。それは、結婚の披露宴に招かれた時は、上座に座らぬようにというお勧め。自分より身分の高い人が後から来た場合、その人に席を譲り、自分が末席に座ることになり、恥をかくからというのがその理由。だから、自らすすんで末席に座るのがよいというのです。そうすれば、招待者から、上座に座るよう勧められ、皆の前で名誉を受けるからです。

これは、冠婚葬祭のマナーでも、出世するための処世術でもありませ

ん。このたとえ話は、神様を世界の主権者と認め、主である神様に従って生きる者の基本姿勢を示しています。たとえ話の場面は結婚披露宴です。披露宴の席次は、自分では選べず、招待者が指定します。そのように、私たちは招待者である神様に指定をされて、職場の担当や家庭の役割など、ある立場や地位につくのです。

人間側からすれば、自分で選んでいるようでも、神様からすれば、そうではありません。ある地位や立場を目指し、努力をしても、希望どおりの進学、就職、結婚とならないことは、ご存じのとおり。席次を自分で決めることには限界があります。希望どおりにならなければ、出てくるのは、不平や不満。他人と自分を比較して、上か下かばかりを考えると、劣等感か高慢な思いに支配されがち。

しかし、神様を主権者と認めるなら、希望どおりでない立場や地位も、神様からの招待席として受け止められます。そして、置かれた所で最善を尽くします。末席について招待してくださった方に席次を委ねるとは、たとえば、そういうことでしょう。

昭和歌謡を代表する作詞家、故中西礼さんは、「僕は職業に貴賤《きせん》はなく、それぞれの職業の中に貴賤があると考えています」と語っています。作詞家、サラリーマン、魚屋さんという職業間には上下などなく、それぞれの職業の中に一流から三流までの上下があるということです。

「自分を高くする者は低くされ、自分を低くする者は高くされる」というのが、このたとえ話の結論です。上や下を見るのでなく、今置かれた所で最善を尽くすことが、多くの場合、実り豊かな人生につながるのではないでしょうか。同じ地位や立場にあっても、「だれを主権者とするか?」で人生の意味と豊かさは大きく異なります。私たちは、だれを主権者とし、どんな人生を歩むのでしょうか。

笛吹けど踊らず

二千年前の「ノリ悪いぞ」「空気読め」

「おまえ、ノリ悪いぞ」「おい、空気読めよ」。状況に合わせて、周囲の意向に沿った言動をしない人を非難するいまどきの言葉ですが、実は、二千年前にも似たような世相があり、イエス様はそれを「笛吹けど踊らず」とたとえました。この言葉、日本では格言として使われていますが、聖書での意味は、少し異なるようです。

マタイの福音書11章16節で、イエス様は嘆きます。「この時代は何にたとえたらよいでしょうか。広場に座って、ほかの子どもたちにこう呼びかけている子どもたちのようです」。そして、その呼びかけの声を「笛を吹いてあげたのに君たちは踊らなかった。弔いの歌を歌ってあげたのに胸をたたいて悲しまなかった」と記しています。

「笛を吹く」とは、「結婚式ごっこ」のことで、広場の子どもたちは、婚礼の踊りをしない子どもに「ノリが悪い」と文句を言います。「弔いの歌を歌う」とは、「お葬式ごっこ」のことで、今度は、悲しまない子どもを「空気読めよ」

とこれまた文句。どちらも、自分たちの遊びに調子を合わせない子どもを非難しているわけです。

続いて、このたとえの意味を解き明かします。イエス様と同時代、バプテスマのヨハネは神様に立てられて、悔い改めを説きました。バプテスマのヨハネとは預言者で、イエス様を救い主だと人々に紹介した人物。彼は神様に背を向けて歩む人々に、心の方向を変えるよう勧めたのです。しかし、当時のイスラエル社会のリーダーたちは、飲酒も通常の食事もしないヨハネを悪霊につかれていると非難して、悔い改めを拒否します。結婚式ごっこでの「ノリ悪いぞ」です。

一方、神様から遣わされたイエス様が、普通に飲食をして、交際禁止であった取税人と交際すれば、「大食いの大酒飲み」「罪人《つみびと》の仲間」と非難して、これまた救い主を拒否。こちらは、お葬式ごっこでの「空気読めよ」です。

つまり、神様のわざに対してのリーダー層の応答が、「子どものごっこ遊びレベル」だったのです。神様が遣わした人物さえも、自分の好み、都合、期待に合わなければ拒否して、外側だけで非難し、神様の愛と祝福を無にしていたのです。

私たちは、外側だけで人を判断しがちなもの。その結果、大切な出会いを活かせないことも。そんな私たちだからこそ、「子どものごっご遊び」ではなく、「大人としての真摯な応答」をしたいものです。二千年前のバプテスマのヨハネの語りかけに耳を傾けましょう。

神様に背を向けて、暗い心、むなしい思いを抱えているなら、悔い改めて、心の方向を神様に向けましょう。そして、そんな私たちのために来られた救い主、イエス様の愛を受け止めましょう。どんなに自分が罪深く、汚れているように思えても、罪人の友となられたイエス様はあなたを、そのままで愛しておられます。悔い改めるなら、喜んであなたとともに日々を歩み、その人生を祝福へと導いてくださるのです。

拒絶された救い主

オーナーなのにお呼びじゃない？

今回はイエス様の言葉ではなく、その誕生についての「それってあり？」のお話です。徹底した役作りで知られる名優ロバート・デ・ニーロは、ある日のこと、ホームレス姿となり路上生活を実体験。夜になり、そのままの姿で、宿泊先のホテルに入ろうとしたところ、ホテルから宿泊拒否をされたとのこと。実は、この話にはオチがあります。なんと、そのホテルのオーナーはデ・ニーロ自身だったのです。

同じような出来事が二千年前に起こりました。イエス様は、家畜小屋でお生まれになったのですが、その理由をルカの福音書2章7節は「宿屋には彼らのいる場所がなかったからである」と記しています。すべての宿が満員だったのでしょうが、胎児であった救い主は、宿泊拒否を受けたのです。宿屋のオーナーどころか、天地万物のオーナー、神様が人となられた方であるにもかかわらずです。

この後もイエス様は、人々から受け入れられず、拒絶され、最後は十字架刑へと追いやられます。「この方はご自分のところに来られたのに、ご自分の民はこの方を受け入れなかった」と、ヨハネの福音書1章

11節に書かれているとおりです。これは、救い主なのに「お呼びじゃない」と言われているようなものでしょう。

ですから、イエス様は、社会から受け入れられない悲しみ、人々から拒絶される苦しみを、わかってくださいます。しかも、体験者として百パーセントわかってくださるのです。イエス様が「拒絶された救い主」であったこと、それは、現代社会にあって、居場所のなさを感じ、疎外感を覚える私たちにとって、なんと大きな慰めでしょう。

さらに、イエス様は、拒絶される人々を優先的に愛し、受け入れられました。元祖クリスマス礼拝に招かれた人たちを見れば、そのことは明らかです。聖書によれば、幼子であったイエス様に礼拝をささげたのは、羊飼いと東の方から来た博士たちでした。

当時のイスラエル社会では、仕事がら安息日を守ることができない羊飼いたちは、「外れ者」とされ、前科者もいたそうです。旧約聖書で、奴隷まで含め七日に一日は休みを与えるために定められた規定が、いつしか人をさばくための戒律となっていました。博士たちは、学識や社会的地位はあっても、イスラエル人にとっては、神様を知らない外国人であり、「犬畜生」扱いでした。神様が元祖クリスマス礼拝に招かれたのは、いずれも、神様の祝福からは最も遠いとされた人たち、神様の祝福を受ける資格がないとされた人たちだったのです。

ですから、居場所のなさを感じ、神様に愛される資格などないと考えている方も大丈夫。「自分の家は代々仏教だから」「家には神棚もあるし」という方も大歓迎なのです。羊飼いと博士から礼拝をお受けになった「拒絶された救い主」は、今も、あなたを愛し、あなたからの礼拝を願っておられます。

いざという時に眠りこけて

天に目を向け、地に足をつけ

古今東西、結婚式には厳粛さが伴い、一方の婚宴には喜びがあります。聖書には、婚宴を題材とするたとえ話がいくつかあり、その一つは、マタイの福音書25章1節以降に登場する「十人の乙女」と呼ばれるたとえ話です。

福音書の舞台である一世紀当時のイスラエルでは、婚宴の招待を受けた花嫁の友人は、灯火をもって、夕方以降にやってくる花婿を迎えた後、その灯火を照らしながら、婚宴会場へ向かうのが、習わしでした。

しかし、このたとえ話では、想定外の出来事が起こります。花婿の到着が遅れ、深夜に。花嫁の友人である十人の娘たちは眠ってしまいますが、「さあ、花婿だ。迎えに出なさい」との叫び声に、目を覚まします。五人の賢い娘たちは、予備の油を持っていたので、灯火を照らしながら婚宴の会場に入れたのですが、愚かな五人の娘たちは、予備の油がなく、店に買いに行く間に婚宴の会場の扉は閉じられ、入れてもらえませんでした。

このたとえ話の一番の趣旨は明らかです。それは、花婿のように、遅いと思えても、イエス様は必ずこの地上に来られるから、油を絶やさぬ賢い娘たちのように、それに備えて、地上の生涯を送るようにという神様の願いです。


聖書の歴史観は明らかです。二千年前にこの地上に来られ、救いのわざを開始されたイエス様は、もう一度来られ、救いを完成されます。これを「再臨」と呼びます。その時が、私たちの存命中か、死後かはわかりませんが、全人類、全宇宙の歴史のゴールは、この再臨です。イエス様との直接対面は、結婚式のように厳粛ですが、クリスチャンにとっては、婚宴のように喜びに満ちたものです。

このたとえ話には、「それってあり？」と思うことがあります。たとえ話の結論は「ですから、目を覚ましていなさい」です。しかし、十人の娘は全員、眠っています。賢さと愚かさを分けるのは、眠るかどうかではなく、油の準備なのでしょう。全員が眠ったことは、いつ来るかと緊張の日々を送るのでなく、落ち着いた日常生活を送ることを意味していると思われます。いわば「天に目を向け、地に足をつけ」という歩みです。

救いが完成されるというハッピーエンドが約束済みならば、それは試練を乗り越える力となり、絶望の中にも希

望を抱かせます。ゴールが、マラソンランナーの一歩一歩に意味を与えるように、再臨は私たちに、「生きることの最終的な意味」を与えます。

あなたは、明確かつ最終的な人生のゴールを必要としていないでしょうか。大きな挫折、深刻な病やけが、親しい方々との死別など、人生の中で、その必要を痛感することはないでしょうか。それは、あなたにとっての「さあ、花婿だ」の声かもしれません。そんな時、「天に目を向け、地に足をつけ」の歩みを考えてみてはどうでしょう。

主人にほめられた不正な管理人

インチキを奨めていいの？

聖書のたとえ話の中でも、「それってありなの？」の代表は、ルカの福音者16章1節以下に登場する「不正な管理人のたとえ」でしょう。

これは、イエス様が弟子たちに語りかけたもの。お金持ちに仕える管理人が主人の財産を無駄遣いして、それが発覚。主人から会計報告をするよう命じられ、報告後にはクビになるだろうという設定。

管理人は、この難局を悪知恵で切り抜けようとします。主人の債務者を呼び寄せ、債務を減額した証文を作成します。恩を売っておけば、クビになっても、だれかが雇ってくれると考えたわけです。これは不正どころか、犯罪行為でしょう。

しかし、驚くべきことに、8節によれば、「主人は、不正な管理人が賢く行動したことをほめた」とイエス様は語り、さらに9節では、「不正の富で自分のために友をつくりなさい」と命じます。ここまで読むと、「これってインチキのすすめ?」と驚きます。

しかし、注意深く読めば、そうでないとわかります。「賢く行動したのをほめた」とあるように、主人がほめたのは不正行為ではなく、管理人の抜け目のなさ。また、不正の富でつくる友についても「永遠の住まいに迎えてくれる」とイエス様が語っているように、この世での友ではありません。ですから、このたとえ話は、抜け目なくこの世の富を用いて、永遠の世界において自分を迎えてくれる友をつくるように、とのすすめだと言えるでしょう。

天で迎えてくれる友については様々な解釈がありますが、社会的弱者だろうと思われます。この世で与えられたものを、助けを必要とする人たちのために用いるなら、天において豊かな報いを受けることは、聖書で繰り返し約束されています。

　自分と同じ時代の人々の扱いについては、神様を信じない「この世の子ら」のほうが、神様を信じる「光の子ら」より賢いという現実をイエス様は指摘します。これは、ともすれば、永遠のいのちを持っているために、この世や富を軽視しがちな信仰者への戒めでしょう。イエス様はこの世と永遠が連続していることを示し、この世で与えられたものを賢く用いるようにとすすめます。10節の「最も小さなことに忠実な人は、大きなことにも忠実」との言葉も、この世で終わるものに忠実な人が、永遠についても忠実であり、神様から大きなものを任されるということでしょう。

ある牧師が「地上生涯はすべてではないが、永遠につながる評価対象のすべてである」という趣旨のことを書物に記しています。この世がすべてだから、この世が大事なのではありません。永遠につながるから、この世は大切なのです。一度限りの人生だから今が大切なのではなく、永遠につながるからこそ今が大切なのです。

イエス様を信じ、永遠を思い見ながら、今を大切にし、与えられたものを活かす人生。あなたも送ってみませんか？

迷子の一匹を捜し歩く羊飼い

1＞99？

数学的にはナシだよね

今回は、数学的に「それってありなの？」というたとえ話をご紹介。それは、ルカの福音書15章1節から7節が記す「迷える羊のたとえ」。なんせ、このたとえ話、「99＞1」でなく、「1＞99」を正解としているのですから。「数学的にはナシだよね」と言いたくもなります。

イエス様は「罪人《つみびと》」たちとよく食事をしていました。当時「罪人」と呼ばれたのは神様に喜ばれないとされる職業の人たちで、彼らとの交際は禁じられていました。そのこと

を、当時の宗教エリートであったパリサイ人と律法学者が非難したことをきっかけに、このたとえ話は語られます。
　イエス様は、非難した者たちに、「もし、自分が百匹の羊の持ち主であったら」と想像させます。そして、問いかけます。「そのうちの一匹をなくしたとしたら、九十九匹を野に残して、いなくなった一匹を見つけるまで捜し歩かないでしょうか」と。
　羊飼いは複数で働いていたので、九十九匹を危険にさらしたわけではなく、安全を確保して捜し歩いたのでしょう。「九十九匹もいるのだから、一匹くらい」とは思いません。そして、見つけたら、友達や近所の人たちを呼び集めて、「一緒に喜んでください」と言うでしょう、とイエス様は同意を求めます。

迷い出た一匹のための喜びは、そうでない九十九匹のための喜びに勝るというのです。数においても、商品価値においても「99>1」のはずが、なぜ、「1>99」となるのでしょう。それは、この羊が、飼い主のものでありながら、いなくなったからです。失われた存在だからです。

数学の世界では、この一匹は百分の一ですが、愛の世界では一分の一なのです。愛する者にとっては、失われた一匹は、全体の一部ではなく、すべてであるかのような存在なのです。神様の愛は、1と99の間の数学記号（><）を逆転させるのです。

このたとえ話の結論は、7節です。「一人の罪人が悔い改めるなら、悔い改める必要のない九十九人の正しい人のためよりも、大きな喜びが天にあるのです」と、イエス様は、宗教エリートたちに神様の喜びをともに喜べない現実を示し、非難への反論とされました。

聖書によれば、すべての人は、神様が愛され、神様が所有されるはずの民でした。しかし、すべての人が神様のもとを離れ、迷い出て、失われた者となっています。そして、神様は常に、失われた者を愛し、捜し歩いておられます。

「神様に背を向けて自分勝手に歩んできた自分など、愛し受け入れられるはずがない」。あなたは、そう考えるかもしれません。しかし、神様はそんなあなたを愛し、捜し歩いておられます。そして、見つけたら、毎週教会で礼拝をささげている九十九人のクリスチャンたちに勝って喜んでくださるのです！　それほどまでに、あなたは、かけがえのない存在なのです。この 1>99 の愛を受け止めて、神様のもとへと立ち返りませんか？

効率主義じゃない

だれ一人あきらめない愛

「最大多数の最大幸福」という言葉があります。これはできるだけ多くの人に、できるだけ大きな幸福を与えることが善であるという道徳観を示す言葉。だれ一人例外なく、すべての人が幸福であることは理想なのでしょうが、そうはいかないもの。むしろ、だれかの犠牲の上に、多くの人の幸福が成り立っているのが、現実ではないでしょうか。

組織を守るためのトカゲのしっぽ切り。教育現場では、生徒全体のために一人の生徒をあきらめざるをえないことも。富裕国の人々が手にする安価な食料品や衣料の背景にある貧困国の児童労働や奴隷労働。原発問題や基地問題で指摘される電力確保と安全のために一部地域の人々が強いられている犠牲。深い愛情を注いできたわが子でさえ、犯罪行為を繰り返し家族に深刻な不幸をもたらすなら親子の縁を切ることも。人間の愛には限界があります。だれ一人あきらめずに、その幸福を実現することは困難です。さらに、多くの人の幸福を損なってまで、たった一人を大切にすることは認められません。

しかし、聖書には、「だれ一人あきらめない愛」が記されています。それは、前回紹介したルカの福音書15章1節から7節が記す「迷える羊のたとえ」。イエス様は「もし、自分が百匹の羊の持ち主であったら」と仮定し、「そのうちの一匹をなくしたとしたら、九十九匹を野に残して、いなくなった一匹を見つけるまで捜し歩かないでしょうか」と問いかけます。

九十九匹の安全を確保したとしても、一人の羊飼いがいつまでも一匹の捜索に時間と労を費やすのは、効率が悪すぎます。羊全体にとっては不利益でしょう。しかし、聖書が示す神様の愛は、九十九匹を残して迷い出た一匹を捜し続ける愛です。一匹をあきらめて九十九匹の利益を図ろうとしないのですから、効率主義とは正反対です。

その神様が、一度だけ一人の人を見捨てたことがあります。見捨てられたその一人こそ、神様のひとり子であるイエス・キリストでした。神様は迷える羊のように神様を離れて歩む私たちの罪の報いのすべてを、十字架の上で愛するひとり子に押しつけて、死に至らせたのです。イエス様のいのちと引き替えにして、私たちに永遠のいのちを与え、神様のもとに立ち返る道を開かれたのです。

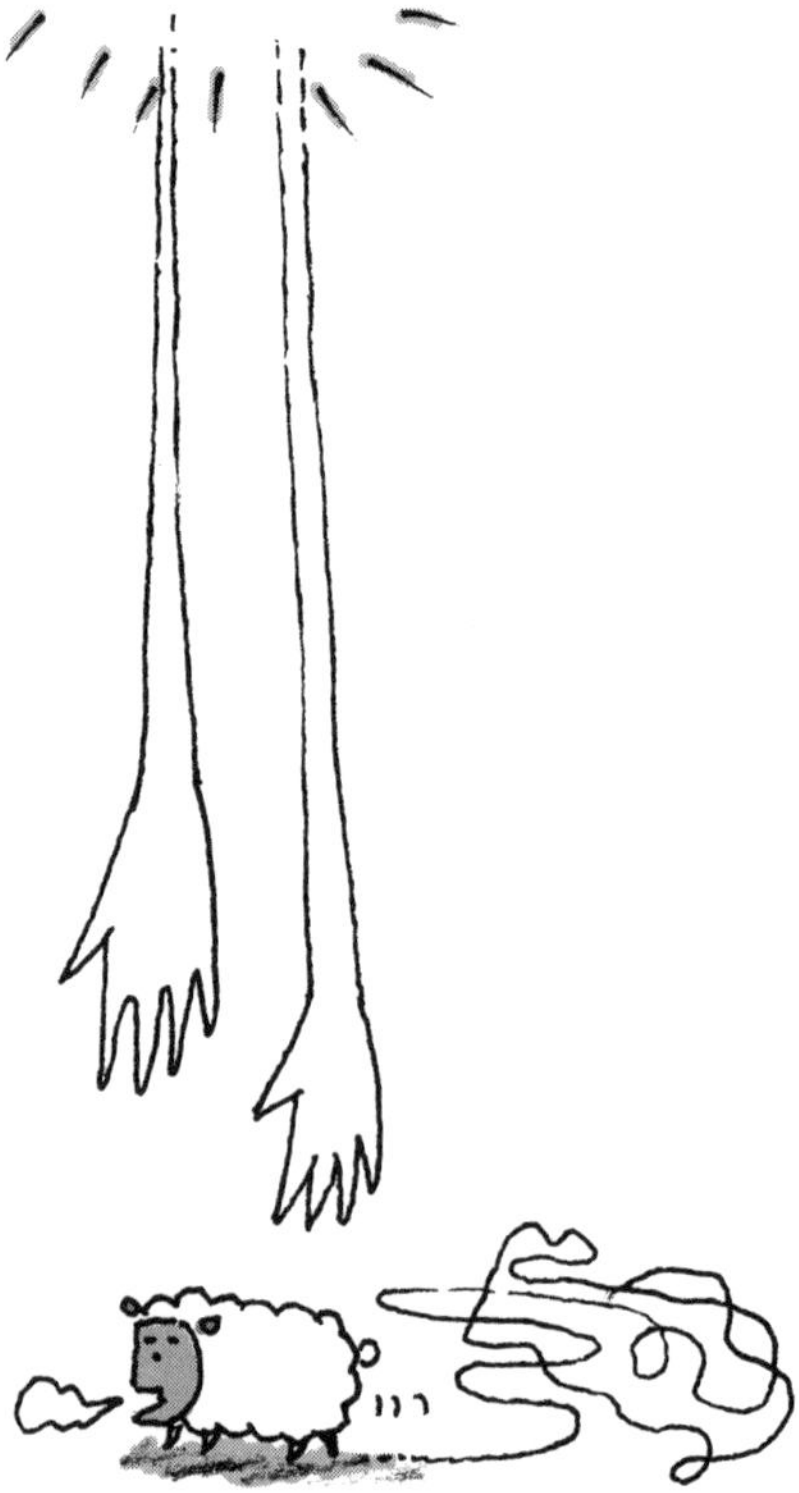

イエス様自身も、「わたしは良い牧者です」と宣言し、「わたしは羊たちのために自分のいのちを捨てます」と約束されました（ヨハネの福音書10章14、15節）。ある牧師が、一青年にこう語ったそうです。「たとえ、全人類があなた一人だけであったとしても、神様はひとり子をお与えになり、十字架にかけられたでしょう。」

神様の愛は「だれ一人あきらめない愛」です。いいえ、「あなたをあきらめない愛」です。たとえあなたが自分で自分をあきらめていても、羊飼いであるイエス様は、あきらめることなく、あなたを愛し、神様のもとに立ち返ることを願い、今も、捜しておられます。この愛に応えてみませんか。

失くした一枚の銀貨

もしも自分がお金なら

二十年ほど前、「お前の諭吉が泣いている」というタイトルのテレビドラマがありました。「諭吉」とは、福沢諭吉が描かれた一万円札紙幣のこと。このタイトルは、お金を人にたとえていますが、聖書には、逆に人をお金にたとえている話があります。ルカの福音書15章の「失《な》くした銀貨のたとえ」です。

イエス様は問いかけます。「ドラクマ銀貨を十枚持っている女の人が、その一枚をなくしたら、明かりをつけ、家を掃いて、見つけるまで注意深く捜さないでしょうか」と。ドラクマ銀貨とは、労働者の一日分の賃金に相当する金額で、貧しい家庭にとっては大金。また、当時のパレスチナでは、今日の結婚指輪のように、既婚女性であるしるしは、十枚の銀貨をつけた髪飾りだったとのこと。

いずれにせよ、必死に探し、見つけたら友人や近所の女性を呼んでともに喜ぶには十分な理由となります。また、パレスチナの貧しい家には、小さな丸窓が一つしかなく、昼でも薄暗く、失くした銀貨を捜すには燭台の明かりが必要でした。

それにしても、人をお金にたとえるとは異例です。普通、「もしも、自分がお金だったら」とは、想像しませんから。人が物にたとえられているのは、聖書のたとえ話の中でもこの一つだけです。ではなぜ、人間がいのちのない物にたとえられているのでしょうか。このたとえ話の結論は10節の「一人の罪人が悔い改めるなら、神の御使いたちの前には喜びがあるのです」なのですが、ルカの福音書15章では同じ趣旨のたとえ話が三つ続きます。それは、失われた羊のたとえ、失くした銀貨のたとえ、放蕩《ほうとう》息子のたとえの三つです。羊は、助けを求めて鳴くことができ、放蕩息子は自分で歩いて父のもとへと帰ることができます。しかし、銀貨は、自分で声を出すことも、移動することもできません。いのちがないからです。

ですから、銀貨は神様を離れてしまった人間の「無力さ」を示していると考えられます。自力で神様に立ち返ることは人間には不可能です。一方的に神様に捜してもらい、見つけてもらい、拾ってもらい、手元に置いてもらうことでしか、私たちは人間本来の居場所に戻ることはできません。そして、神様は今も、明かりを手に、失われた私たちを捜しておられます。明かりとは何でしょう？　それは聖書の言葉、教会で語られるメッセージ、身近なクリスチャンの生き方などでしょう。今、手にしているこの本も、明かりの一

つなのかもしれません。
「お前の諭吉が泣いている」ではありませんが、「もしも、自分がお金なら……」と想像してみましょう。あなたは喜んでいるでしょうか。それとも泣いているでしょうか。持ち主の生活を支え、大切なだれかを幸せにし、苦しむ人を助けて、喜んでいるでしょうか。それとも、持ち主に無駄遣いをされてばかりで泣いているでしょうか。もし、あなたがお金なら、あなたを活かすも、殺すも持ち主次第です。どうでしょう。豊かに自分を活かしてくださる神様の手元に、戻ろうと思いませんか。

財産を使い果たした放蕩息子

そこに自由はあるんか？

あるテレビコマーシャルでは、女将さんが「そこに愛はあるんか？」と問いかけますが、聖書には「そこに自由はあるんか？」と問いかけるようなたとえ話があります。それは、ルカの福音書15章11節から始まる「放蕩《ほうとう》息子のたとえ」の前半部。

多くの雇い人を持つ裕福な父親に二人の息子がいます。兄は優等生タイプですが、弟は父を離れて自由に生きたかったようです。そこで、弟息子は父に生前贈与を求めます。当時、それはかなり無礼なことでしたが、父親は二人の息子に財産を分割。大金を手にした弟は、さっさと、すべてのものをまとめて遠い国へと旅立ちます。自由の地で彼がどうなったかについて、聖書は「そして、そこで放蕩して、財産を湯水のように使ってしまった」と記しています。遊んで財産を使い果たしてしまったわけです。

さらに、無一文となった彼を激しい飢饉《ききん》が襲います。食べるにも困り始めます。そこで、ある人のところに身を寄せて、豚飼いとなります。ユダヤ地方では豚は汚れた動物とされていたので、当時、最も忌み嫌われる職業の一つでした。彼は豚の餌であるいなご豆で腹を満たしたいほどだったのですが、それ

すら、だれも彼に与えてくれませんでした。以上が、放蕩息子のたとえ話の前半部です。

弟息子は、父の目が届かず声も聞こえない場所、父と無関係で生きられる遠い国へと旅立ちました。不自由の原因と感じていた父を離れることで自由が得られると考えたのです。彼は、したいことを、したいだけ、したいようにしたのでしょう。しかし、その結末は、貧しさと空腹に縛られ、職業選択の自由もなく、だれからも顧みられることなく生活せざるをえない不自由。不自由の根源と思えた父を離れて、自由を求めた旅路の末に、彼がたどりついたのは、最も不自由で悲惨な生活だったのです。

私たち人間は、ともすれば神様を自由の邪魔者のように誤解しがちなもの。神様をいないことにして、その眼差しが届かず、その声も聞こえぬ場所で生きていくことが自由で快適だと考えます。でも、本当にそうでしょうか。

世間の目や人の声に縛られる不自由、自らの際限ない欲望に操られる不自由、嫌な自分から逃れられない不自由、人生の指針も目的もなく、不安や虚《むな》しさに支配される不自由。そうした不自由に苦しみながら、自力では決して脱出できない不自由。神様を離れた自由の先にある自分は、この弟息子に似ていないでしょうか。

神様は愛です。神様はあなたを愛しておられます。神様の愛の眼差しに見守られ、愛の語りかけを受けて生きる人生は、決して不自由ではありません。神様はご自身を離れて不自由に苦しむ私たちを愛し、解放してくださいます。今も神様は、聖書の言葉を通じて語りかけ、本物の自由へと私たちを導かれます。

「そこに自由はあるんか?」もし、弟息子のように神様を離れて、自由を求める旅路を歩んでおられるなら、一度、立ち止まって考えてみてはどうでしょう。

我に返った放蕩息子

私はだあれ？　ここはどこ？

ドラマやコントなどで、自分を見失い、状況も理解できない時に発するセリフは「私はだあれ？　ここはどこ？」。前回、前半を紹介した「放蕩息子のたとえ」に登場する弟息子は、まさに、「私はだあれ？　ここはどこ？」状態にありました。

「放蕩息子のたとえ」は、イエス様が語られたもので、聖書の中でも最も有名なたとえ話。裕福な父親の二人の息子のうち、弟息子が父から生前贈与を受け、遠い国で暮らすのですが、手にした大金を遊びに費やし無一文に。さらに飢饉《ききん》も重なり、空腹を抱えながら豚の世話をすることになったのでした（ここまで前半）。では、後半はどうなったか——。

しかし、そんな彼に転機が訪れます。聖書はそれを「しかし、彼は我に返って言った」と記しています。その時、彼が発した言葉は、「父のところには、パンのあり余っている雇い人が、なんと大勢いることか。それなのに、私はここで飢え死にしようとしている」でした。我に返り、自分の状況を理解した彼は、自らの過ちを認め、息子としてではなく、雇い人の一人として父のもとに帰る決心をします。

彼は、極貧の豚飼いではなく、裕福な家の息子です。本来の居場所は豚小屋ではなく、父と暮らすお屋敷でした。「私はだあれ？」の答えを得た時、「ここはどこ？」が判明し、彼は本来の居場所へと帰って行きました。つまり、「我に返る」とは「父のもとに帰る」ことだったのです。

弟息子が父のもとへと向かって行くと、まだ家まで遠かったのに、父親は彼を見つけます。そして、駆け寄り、汚くて悪臭を放っていたであろう彼の首を抱き、口づけをします。当時の父親は威厳に満ちており、息子に駆け寄るなどありえないことでした。それは、彼に対するなりふり構わぬ熱愛を示しています。また、口づけは、彼への赦しの宣言を意味します。

このたとえ話の中で、裕福な父は聖書が記す父なる神様を、弟息子は神様を離れ自分本位に歩む私たちを表しています。「自分らしく」「本当の自分で」、そんな言葉をよく耳にします。しかし、神様を離れたところに、それらはありません。神様のもとへと帰り、神様とともに歩む時に、私たち人間は、本当の自分を取り戻し、自分らしく歩めるのです。「私はだあれ?」――聖書は「あなたは愛されている神様の子です」と答えます。「ここはどこ?」――聖書は「神様を離れた本来とは違う場所ですよ」と教えます。

このたとえ話に登場する父のように、神様は今もあなたを愛し、いつ帰るかと待ち続けておられます。これまでの過ちを認め、神様のもとへと向かうなら、神様のほうから駆け寄って、大きな愛であなたを抱いてくださいます。首に口づけをするように、それまでのすべてを不問として、愛し受け入れてくださいます。

すべての人は「私はだあれ？　ここはどこ？」状態です。「放蕩息子のたとえ」が描く神様の豊かな愛に応えて、本当の自分となり、本来の居場所へと帰りませんか？

優等生がゆるせない不当な優遇

無条件の愛は大きすぎる

山田洋二監督、高倉健主演の映画「幸せの黄色いハンカチ」をご存じでしょうか。前々回から取り上げている「放蕩息子のたとえ」では、よく似たストーリーが展開されます。

裕福な父親から生前贈与を受けて遠い国へ旅立ち、放蕩に身をやつして大金を使い果たし、無一文に。空腹を抱える悲惨な生活の中、彼は、我に返ります。父の家に帰り、謝罪して「雇い人の一人にしてください」とお願いしようと決心して出発。遠くから彼を見つ

けた父は、駆け寄り、彼を抱き口づけします（ここまで前回）。

弟息子は準備してきた言葉を発します。

「私は天に対して罪を犯し、あなたの前に罪ある者です。もう、息子と呼ばれる資格はありません。」

すると、続く「雇い人の一人にしてください」を遮るように、父は、しもべに指示を出します。弟息子に良い服と指輪と靴を与え、祝宴を始めるよう命じたのです。これは彼を雇い人ではなく、子どもとして受け入れることを意味します。

ここから先は「幸せの黄色いハンカチ」とは大違い。感動のハッピーエンドとはなりません。事の次第を知った兄息子は、父に猛抗議。

長年忠実に仕えてきた優等生の自分のためには一度も催してくれなかった祝宴を、「どのツラ下げて帰ってきたの」と言いたい弟のために催すことが不当だと訴えたのです。

自分より劣等生がより優遇されたら、優等生が怒りを覚えるのは当然でしょう。しかし、裏返せば、無条件の愛とは、愛される条件を備えた者にとっては、不当で抗議したくなる愛ではないでしょうか。無条件の愛は、劣等生大歓迎の愛、だからこそ、優等生から抗議を受ける愛。

兄の抗議を受けた父は言います。「子よ、おまえはいつも私と一緒にいる。私のものは全部おまえのものだ」と。いつもともにおり、祝宴どころかすべてを与えている父の愛を、兄は知らずに生きてきたのです。失われていたのは、弟だけではありませんでした。兄も父とともにいながら、父から遠く離れていたのです。

私たちの多くも、親から受けた無条件の愛の大きさを、大人になるまで気づきません。親になって初めて、理解できることも。無条件の愛は、あまりに大きいので、受けている当人にはわからないのです。

続いて、帰ってきた弟について父は兄に問いかけます。「いなくなったのが見つかったのだから、楽しんで喜ぶのは当然ではないか」と。

このたとえ話は、父の問いかけで終わります。いいえ、終わることなく、結論は読者に投げかけられているのです。さて、この父が示す神様の無条件の愛を、あなたは、不当だと思いますか。それとも当然だと思いますか。あなたは、この愛を必要としていませんか。この愛を受けて歩もうと願いませんか。

右の頬を打たれたら左の頬も

復讐心克服の希望

これまではイエス様のたとえ話を紹介してきましたが、今回からは「それってあり？」と言いたくなるようなイエス様の名せりふを紹介します。

マタイの福音書5章39節には、イエス様の有名な言葉が記されています。「しかし、わたしはあなたがたに言います。悪い者に手向かってはいけません。あなたの右の頬を打つ者には左の頬も向けなさい」。まさに「それってあり？」「本当にそのとおりするの？」と言いたくなる言葉です。

どうか、実験はしないでください。クリスチャンの右の頬を打っても、たぶん、左の頬を向けることはありません。怒らせるか悲しませるかだけです。この言葉は、文字どおりの実行を命じているのではなく、成熟したクリスチャンの歩みの一例を描写していると理解できます。つまり、イエス様を信じるなら、次第に復讐《ふくしゅう》心から解放され、たとえば、悪人に右の頬を打たれても、左の頬を向ける余裕さえ生まれるということです。言い換えるなら、「復讐心克服の希望」を示しているのです。

「やられたらやり返して当たり前」。私たちの心には、復讐を当然の権利とする思いが根強くあります。しかし、その権利を行使すれば、「復讐の連鎖」が起こり、当事者同士はいつまでも傷つけ合うことになるでしょう。時には周囲まで巻き込

み、より多くの人々が苦しむことにもなります。それでは、暴力や悪が広がり、深刻化するばかりです。

ですから、そうならないために復讐心の克服が必要なのです。被害を受けた方が、復讐する権利を放棄して、復讐の連鎖を止めるのです。それによって平和が生まれます。

「被害者泣き寝入りでいいのか」「暴力や悪が放置され、逆に平和でなくなってしまう」……そうした心配や反論はごもっともでしょう。でも、どうかご安心ください。新約聖書のローマ人への手紙13章1節は「存在している権威はすべて、神によって立てられているからです」と宣言します。神様は、悪を抑制し、罰するために様々な権威をこの世界に立てられました。法律を定めて悪を抑制する国家、悪をさばく司法、悪を予防し取り締まる警察などの権威は、神様が立てておられるのです。実は、それらも神様の恵みなのだと聖書は私たちに教えています。

個人としては復讐心を克服し、悪に対してのさばきは、神様が立てた権威に委ねます。それによって社会の秩序が保たれ、平和が訪れます。個人で復讐することなく、法のさばきに委ねるという理念は、実は、聖書の価値観に由来しているのです。

様々な暴力が連日報道され、国家間での暴力が、世界平和を脅かしています。その一方で、私たちの心の内には、克服しがたい復讐心があります。しかし、キリストの愛は私たちを造り変え、復讐心の克服に向かわせ、私たちを、平和をつくる者へと成長させてくださいます。あなたも、この希望に歩みたいと願いませんか。

家族も自分も憎まなければ

あなたの一番大切なものは？

イエス様の名言の中には、「それってあり？」どころか「狂信的」「反社会的」「冷酷」と誤解されかねないものも。その一つは、ルカの福音書14章26節でしょう。イエス様は言われました。「わたしのもとに来て、自分の父、母、妻、子、兄弟、姉妹、さらに自分のいのちまでも憎まないなら、わたしの弟子になることはできません。」

字義どおりに受け止めるなら、家族を憎み、自分のいのちを軽んずることが、イエス様の弟子となる条件ということになります。しかし、この言葉の意図は、そうではありませんからご安心を。聖書は一貫して、家族を愛すること、自分であれ他者であれ、いのちを大切にすることを神様のみこころとして記していますから。

では、「憎む」とはどういう意味でしょう？　ここでの「憎む」とは「より愛さない」ことを意味する誇張表現です。愛の優先順位を強調するために、イエス様以上に愛さないことを、「憎む」と表現しているのです。

この言葉は、「あなたにとって一番大切なものは？」と愛の優先順位を問いかけます。あなたにとって一番大切なものは「自分のいのち」でしょうか？　もちろん、自分のいのちは大切です。しかし、それが一番なら、少し寂しい人生なのかもしれません。もし、自分のいのち以上に大切なだれかがいて、その人のために生きられたら、とても幸せなことではないでしょうか。なぜなら、人生に幸せをもたらすのは、愛だからです。その愛は「自分がどれだけ愛されたか」より「自分がどれだけ愛したか」という愛です。

では、なぜ、家族以上にイエス様を愛するのでしょう。それは、イエス様が私たちを愛し、私たちのためにいのちを捨てられたからです。神様に背を向けて滅びへと向かう私たちの代わりに、十字架の上で罰を受け、ご自身のいのちと引き替えに、信じる者に永遠の

いのちを与えてくださったからです。一番初めに、最も大きな愛を注いでくださったからこそ、イエス様の愛に応えることが最優先なのです。

私事で恐縮ですが、約三十年前、高校の教師を退職し、伝道者の道に進むことを同僚の先生方に伝えたとき、先輩にあたる女性の先生がこうおっしゃいました。「あなたには、将来の安定した生活を捨ててまで大切にしたいものがあるのよね。そんなあなたがうらやましい」。その言葉に、自分がどんなに幸せな人生を送っているかを、教えられました。

イエス様は、犠牲を強いて苦しめようと「わたしのもとに来て」と招いているのではありません。正しい愛の優先順位に歩み、幸せになるようにと願っておられるのです。最も大切なものを一番にするなら、二番目以降も本当の意味で大切にできるものです。イエス様を信じ、その言葉に従うなら、家族を自分以上に愛する自分、自分自身を大切にできる自分へと変えられていきます。イエス様の招きに応えて、そのような幸せな人生を歩みたいと願いませんか。

心の貧しい者は幸いである

心の豊かさこそ幸せじゃないの？

聖書は、あちらこちらで、本物の幸せについて記していますが、中には、「それってあり？」と思えるものも。その一つはマタイの福音書5章5節の言葉でしょう。イエス様はおっしゃいました。「心の貧しい者は幸いである。神の国はその人のものだから」と。これは意外です。「えっ、心が貧しい人は不幸なはず」「心の豊かさこそ、聖書の語る幸せじゃないの？」と言いたくなります。

実は、この「幸いである」という言葉は、英語の聖書では"Happy"ではなく"Blessed"

と訳されています。つまり、「祝福されている」という意味です。イエス様が語る幸せとは、いわば受け身の幸せです。自力で実現させる幸せではなく、神様から祝福されて実現してもらう幸せなのです。

そして、その幸せに必要な条件が、「心の貧しさ」です。神様は私たちを無条件で愛し、祝福しようと願っておられますが、祝福を受ける人間の側は「心の貧しい者」という条件付きです。この貧しいという言葉は、特別な貧しさを意味します。それは、生活に余裕のない貧しさや、その日暮らしの貧しさではなく、無一文の貧しさです。自分を幸せにする資源も能力も何一つない精神的な無一文状態にある者こそが、神様に祝福され、幸せになるのだとイエス様は語っておられます。

神様は、そんな精神的無一文である私たちに出会ってくださいます。そして、私たちが神様の前に空の器のような自らを差し出すなら、神様は私たちを祝福で満たしてくださいます。いいえ、空っぽだからこそ、満たすことができるのです。もし、すでに器に何かが入っていたら、祝福を注ぐことができません。だからこそ、祝福を受ける条件は自分が空っぽであること、心の貧しい者であることなのです。

イエス様は心の貧しい人が、幸いである理由を「神の国はその人のものだからです」と説明されます。神の国とは神様が主権者として、私たちという国土を治めることを意味します。私たちが神様を自らの人生の主権者としてお迎えするなら、神様は私たちを、限りない愛と平和で、失われることのない平安と希望で満たしてくださいます。

「自分は心豊かで幸せになれる」とおっしゃる方もいらっしゃるでしょう。でも、考えてみましょう。自力で確実に自分を幸せにできるでしょうか。だれかの助けを借りて幸せになれたとしても、その幸せは生涯続くでしょうか。だれもが、所有、能力、家族など、幸せの資源を人生のどこかで失うのではないでしょうか。実はだれもが「心の貧しい者」ではないでしょうか。

幸せになりたいと願いながら、破綻したことはないでしょうか。限界を覚えてはいないでしょうか。徒労感にさいなまれてはいないでしょうか。もし、そうであるなら、心の貧しさを認めて、神様に出会いましょう。無一文のままのあなたを、神様は愛し、変わることのない祝福で、あなたを満たしてくださいます。

断絶を結び付ける希望の歌

自らを横たえる平和の架け橋

突然ですが、「それってありなの？ 音楽クイズ」です。南アフリカ共和国の黒人教会では、五十年ほど前に世界的にヒットしたあるポピュラーソングが、賛美歌として歌われています。日本では、宗教的な歌とは思われていないようですが、その歌は何でしょう？

では、正解の発表です。その歌は、サイモンとガーファンクルの「明日に架ける橋」です。「荒れ狂う流れに架かる橋のように、私が自らを横たえます」と歌うこの楽曲は、教会で聴いたゴスペルソングに着想を得たポール・サイモンが、作詞作曲をしたとのこと。

アパルトヘイトと呼ばれる人種隔離政策に苦しんでいた南アフリカの黒人教会にとって、この歌はどれだけ希望の力になったことでしょう。

実は、クリスマスも、イエス様が架け橋となられた出来事でした。ルカの福音書2章によれば、野宿をしていた羊飼いたちに神様の御使いが現れ、救い主の誕生を告げます。すると、突然、天の軍勢が現れて神様をこうほめたたえます。

「いと高き所で、栄光が神にあるように。
地の上で、平和が
みこころにかなう人々にあるように。」(ルカの福音書2章14節)

天では、神様に栄光があります。しかし、地上はどうでしょう? 「平和がみこころにかなう人々に」とありますが、地上の人々は、みこころにかなうどころか、神様に背を向けて歩む罪のために、平和を失っています。心の内には、不安や怖れを、人との間にも、憎しみ、敵意を抱えて苦しんでいます。神様に背を向けて歩む罪が、天での栄光と地上で

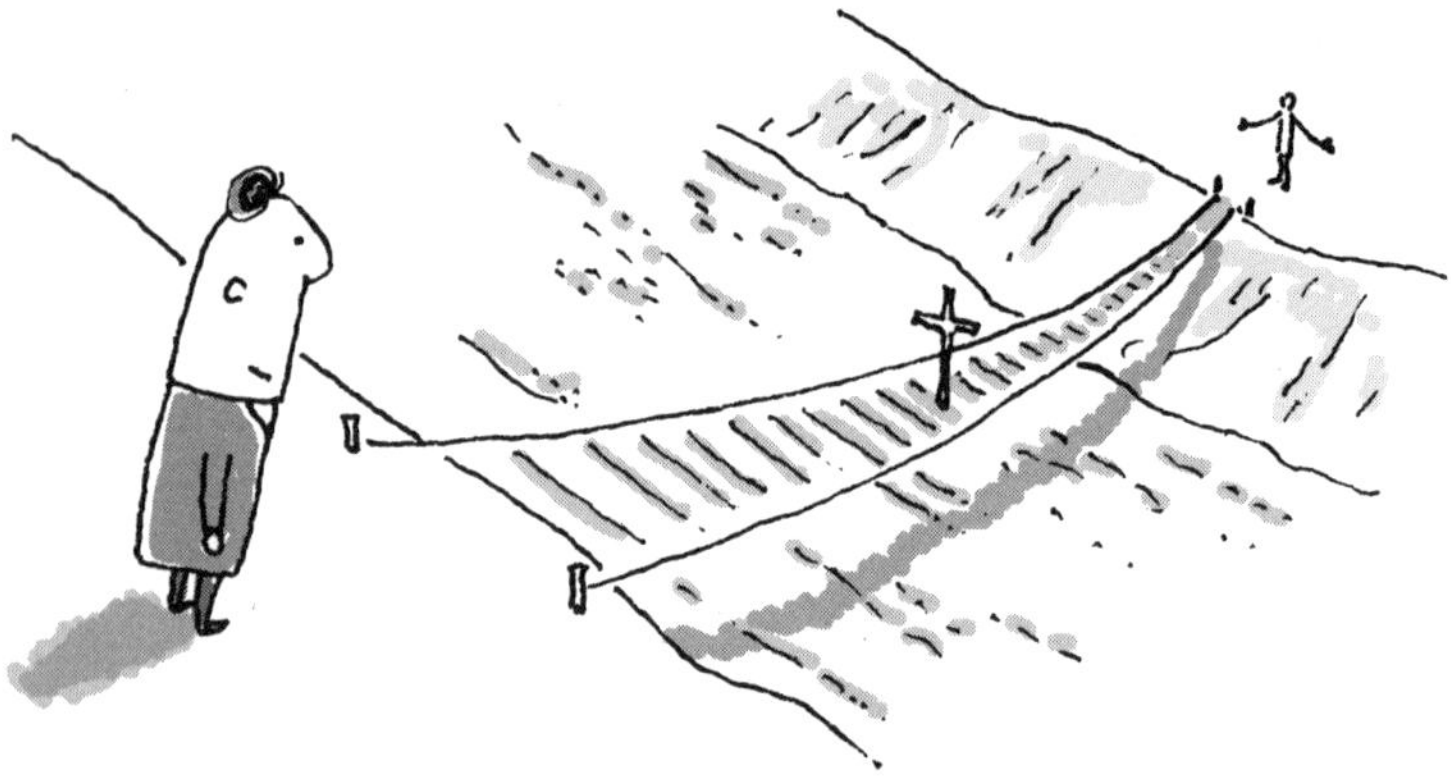

の平和を分断していたのです。
　しかし、クリスマスによって、断絶されていた両者は結び付けられました。イエス様は、神であることを捨てて人となり、この地上に来られました。最後は十字架の上で、私たちの罪の身代わりとして死なれました。それはイエス様が、神様と私たちを断絶させていた罪を取り除き、天と地とを結び付ける架け橋となられたことを意味します。
　そして、その架け橋は「平和の架け橋」です。私たちが、イエス様を救い主として信じ「みこころにかなう人々」となるとき、心に平和が訪れ、深い平安で満たされます。神様の愛を受けて人との関係においても、憎しみと敵意から、赦しと和解へと向かい始めます。

神様の御使いが羊飼いたちを招いたように、今も神様は、私たちを招いておられます。イエス様と出会うようにと招いてくださっています。心安らかに歩むことを願いながら、克服できない不安や怖れがあるでしょうか。捨てた方がよいとわかっていながらも、捨てられない憎しみや敵意に苦しんでいないでしょうか。

イエス様は架け橋となり、神様とあなたを結び付けてくださいます。荒れ狂う流れのような不安と怖れ、そして、憎しみと敵意。その流れに架かる橋のように、イエス様は二千年前にご自身を横たえて、橋となってくださいました。この橋を渡って、新たな人生を始めませんか。イエス様を信じて、平安に満たされ、平和のうちを歩みませんか。

らくだが針の穴を通るほうが易しい

それができるただ一人

　野球では、投手が見せる抜群の制球力を「針の穴を通すコントロール」と形容します。もちろん、野球のボールが針の穴を通ることはありませんが、それほどの正確さだという誇張表現です。

　実は聖書にも、針の穴に「ある意外なもの」を通す表現が登場します。その意外なものとは何でしょう？　それは、なんと、「らくだ」なのです。イエス様は、「金持ちが神の国に入るよりは、らくだが針の穴を通るほうが易しい」と語っておられます。

「らくだと針の穴」についての解釈は諸説ありますが、字義どおりなら、らくだは当時、身近な動物の中では最も大きなもので、針の穴は馴染みのある最も小さな穴です。ですから、この組み合わせは「最大のものが最小の穴を通ること」を意味します。

この言葉をイエス様が語るまでには、経緯がありました。それはマタイの福音書19章に記されています。一人の青年がイエス様に「先生、永遠のいのちを得るためには、どんな良いことをすればよいのでしょうか」と問いかけます。イエス様とのやり取りや当時の社会背景からうかがえる彼の人物像は、信仰深く、神様の教えを忠実に守りながらも、謙虚。さらに人望もあり、しかも裕福と、非の打ちどころがありません。

しかし、彼が、「何がまだ欠けているのでしょうか」と尋ねると、イエス様は「完全になりたいのなら、帰って、あなたの財産を売り払って貧しい人たちに与えなさい」「そのうえで、わたしに従って来なさい」と答えます。青年はこの言葉を聞くと、悲しみながら立ち去ります。聖書はその理由を、「多くの財産を持っていたからである」と記しています。

この青年が去って行った後に、イエス様は「金持ちが神の国に入るよりは、らくだが針の穴を通るほうが易しいのです」と語られたのです。当時は、裕福であることは神の祝福の現れと考えられていました。ですから、この青年こそが、永遠のいのちを持ち天国に入るのにふさわしいと信じていた弟子たちは驚いて言います。「それでは、だれが救われることができるでしょう」と。そこで、イエス様は答えます。「それは人にはできないことですが、神にはどんなことでもできるのです。」

神様は、らくだに針の穴を通らせることができる唯一の方です！　この青年のように、最も天国にふさわしいような人物も「糸」ではなく「らくだ」でした。私たちはだれもが「らくだ」のようで、天国の入り口は「針の穴」のようです。青年は「どんな良いことをすればよいのでしょうか」と尋ねましたが、天国に入るのに必要なのは善行ではありません。どんなに良い行いをしても、らくだはらくだです。針の穴を通過するなど到底不可能です。

それを可能にするのは、ただ一人、神様だけです。イエス・キリストを救い主として信じ受け入れるなら、私たちは、らくだのままで針の穴を通り抜けられるのです。永遠のいのちを与えてくださるイエス様を信じて、天国に入れていただきましょう。

受けるよりも与えるほうが幸いである

損するのが幸せなの？

電車やバスで、だれかに席を譲ったこと、あるいは、譲ってもらったことがあるでしょうか。その時の気持ちを思い出しながら、考えてください。席を譲った人と譲られた人では、どちらが幸せなのでしょう？　ある心理学者がテレビで語っていたのですが、席を譲った人は、譲ってもらった人の三倍の幸福感を得るのだそうです。席に座る権利を与えた人のほうが、もらった人より幸福なのです。

実は聖書にも、よく似たイエス様の言葉が記されています。それは、新約聖書の使徒の働き20章35節に登場する「受けるよりも与えるほうが幸いである」という言葉です。これは、福音書には直接記されていないのですが、弟子の一人であるパウロがイエス様の言葉として、覚えているようにと聴衆に語った言葉です。

「受けるよりも与えるほうが幸いである」。この言葉は、私たちの心に逆説的に響きます。なぜでしょうか。普段から、もらうこと、所有が増えることが幸せで、与えること、所有が減る

ことが不幸と考えているからでしょう。幸せと不幸を決める基準を所有、損得に置いているからでしょう。

でも、本当にそうでしょうか。こうした幸福観は事実でしょうか。たとえば、子どもを愛し、喜んで、惜しむことなく、お金や時間や労力を注ぐ親は不幸でしょうか。身分違いの女性を愛し、地位も身分も約束された将来も捨てて、結婚する王子様は、不幸でしょうか？ むしろ、喜んで大きな犠牲を払ってまで、だれかを愛するなら、大きな幸せと言えるのではないでしょうか。

強いられて、嫌々与えるなら、それは幸福ではないでしょう。大切なのは、「愛」という動機です。愛ゆえに喜んで与えることは、幸福をもたらします。愛は、損得を計算しません。愛は損得を超えて私たちに幸せを与えます。所有、損得以上に、幸せをもたらすのは、愛なのです。

そして、その愛は、「受ける愛」ではなく、「与える愛」です。「愛される愛」ではなく、「愛する愛」です。受ける愛、愛される愛も、幸いです。子どもは、親など周囲から愛され、安心を得て成長します。大人になるにつれ、愛する側に移行し、愛する喜びを経験します。愛するだれかのために、喜んで何かを与えるようになります。

イエス様と私たちの関係も同様です。イエス様は私たちを愛し、十字架の上で死なれ、永遠のいのちを与えてくださいました。その愛を受け止める時、私たちは深い安心を得ます。さらにその愛の中で成長するにつれ、イエス様から受けた愛で、出会う人たちを愛するようになります。「受ける愛の幸せ」にまさる、「与える愛の幸せ」に歩むのです。

席を譲った人の幸福感は、譲ってもらった人の三倍。このことは、本当の幸せのありかを暗示しているようです。イエス様の愛を受け止めて、「受けるよりも与えるほうが幸いである」という、損得を超えた幸せへと歩み出してみませんか。

後の者が先に、先の者が後に

聖書の世界は逆転の祝福

想像してみてください。まもなく、超人気ラーメン店の開店です。店の前には、何十人もの行列が。先頭には、二時間前から並んでいるラーメンマニア。最後尾にいるのは、五分前に並び始めたばかりの普通のラーメン好き。そして、いよいよ、開店です。すると、なんということでしょう！　店員は、最後尾から順番に、店内に案内するではありませんか！　先頭のラーメンマニアは激怒し、最後尾のラーメン好きは戸惑うばかり。まさに「それってあり？」の光景です。でも、聖書の世界では、「それがあり」なのです。

マタイの福音書20章16節には「後の者が先になり、先の者が後になります」というイエス様の言葉が登場します。イエス様は同様の教えを聖書中、何度も語っておられ、多くの人たちにこの「後先逆転の祝福」を注がれました。

イエス様は、罪深い職業とされ、天国から最も遠いと考えられていた取税人や遊女たちを最優先で愛されました。イエス様は、その理由を「医者を必要とするのは、丈夫な人ではなく病人です」と語っておられます。健康から遠い患者から先に診療をするのは、ある意味、理にかなっています。

この後先逆転の祝福を経験した代表は、十字架の上でイエス様を信じた強盗でしょう。ルカの福音書23章によれば、イエス様とともに二人の強盗が十字架につけられました。そのうちの一人がイエス様を救い主として信じると、イエス様は「あなたは今日、わたしとともにパラダイス（天国）にいます」と宣言されます。なんと、天国入国第一号は、強盗だったのです。善行を積んできた人たちよりも、悪行を重ねて、死の数時間前にイエス様を信じた者が、先に天国に入ったのです。

これらの話は、三つのことを示します。一つ目は、聖書が語る救いは、善行や努力に対しての報酬ではなく、神様からの一方的なプレゼントだということです。救われる条件は、ただ、信じるだけなのです。二つ目は前歴不問です。取税人、遊女、強盗のように、過去の歩みに関係なく、神様は愛し、受け入れてくださいます。三つ目に、信じるのに、遅すぎることはありません。人生を終える最後の瞬間まで、神様は待っておられます。

一見、理不尽に思える後先逆転の祝福ですが、もし、救いの条件が善行や努力なら、どうなるでしょう。真面目な人、優れた人、熱心な人しか救われません。しかし、神様はそうでない人々をも愛しておられ、救いたいのです。だから、後先逆転なのでしょう。

あなたが、自分はふさわしくないと思っても、神様はあなたこそがふさわしいとお考えです。過去を振り返り、救われる資格などないと考えていても、神様は、前歴不問、無条件であなたを受け入れてくださいます。遅すぎると感じても、神様は今からでもやり直しをさせてくださいます。

この後先逆転の祝福は、あなたのためなのです。この祝福を受け止め、新たな歩みを始めませんか。

イエスの名言
——それってありなの？

2023年８月10日　発行
2024年２月10日　再刷

著　者　水谷　潔
挿　絵　パント大吉
印刷製本　日本ハイコム株式会社
発　行　いのちのことば社
〒164-0001 東京都中野区中野2-1-5
電話 03-5341-6923（編集）
03-5341-6920（営業）
FAX03-5341-6921
e-mail:support@wlpm.or.jp
http://www.wlpm.or.jp/

ISBN 978-4-264-04440-6